AF542624

ASTRONOMIE.

SYSTÈME NÉOCARTÉSIEN

OU

MÉCANIQUE CÉLESTE

Expliquée par les effets de la rotation.

N° II.

Mouvements généraux de la sphère révélés par Copernic. — Particularités découvertes par Kepler. — Origine du principe elliptique. — Manière hypothétique et incertaine dont Kepler l'a établi. — Exposé sommaire des détails astronomiques connus au temps de Newton et de ceux découverts après lui.

Pour pouvoir rendre compte avec succès et avec clarté des causes probables des phénomènes célestes, aussi bien que pour comprendre les explications qu'on en donne et les discussions qu'elles font naître, il est indispensable d'avoir une notion exacte des phénomènes considérés. Il est donc convenable qu'avant d'attaquer la théorie de Newton et d'en proposer une nouvelle, je mette le plus grand nombre possible de mes lecteurs en état d'apprécier ma critique et mon système, en leur exposant ce que l'on sait aujourd'hui de précis et de positif sur les phénomènes relatifs aux mouvements des planètes.

Je m'étendrai un peu longuement sur les circonstances qui ont conduit Kepler à l'idée du principe elliptique, parce qu'il importe que chacun puisse apprécier le peu de solidité de cette loi. Mais je passerai rapidement sur les phénomènes dont l'explication néocartésienne fera plus tard comprendre la nature, mieux que des définitions qui précéderaient de trop loin l'exposé des causes. Cependant j'entrerai dans des détails assez minutieux sur la révolution réelle de la lune, et sur celle apparente du soleil autour de la terre, car ces détails encore inconnus à ceux qui ne sont pas astronomes praticiens, feront voir combien Newton est éloigné d'avoir tout expliqué, et combien d'intéressantes particularités on nous laisse ignorer, dans la crainte, sans doute, que leur révélation ne mette fin au règne, déjà trop long cependant, de la théorie de Newton.

On ne pensera pas toutefois, qu'en prétendant renverser le système de Newton, je nourrisse la folle pensée de toucher à l'admirable système qui fait, du soleil, le centre commun des révolutions planétaires. Loin de là, cette grande vérité recevra une éclatante confirmation par la démonstration matérielle que je donnerai de la cause physique, quoique invisible, qui fait graviter toutes les planètes autour de l'astre radieux, et les satellites autour de leurs principales.

Mais en nous initiant au véritable arrangement de la sphère; en nous apprenant que la lune est le seul corps qui gravite autour de la terre; que celle-ci, en tournant sur son axe, fait naître l'apparence de la révolution diurne du ciel, et que toutes les planètes, notre globe compris, se transportent éternellement autour du soleil; en nous révélant ces grandes vérités, Copernic ne nous a cependant fait connaître aucune des circonstances particulières dans lesquelles les révolutions planétaires s'accomplissent. Il ne nous a même transmis son système qu'entaché de trois graves erreurs, dont deux n'ont encore été qu'imparfaitement reconnues, et dont la troisième existe dans toute son intégrité.

Sans aucun doute, le grand astronome de Thorn a judicieusement établi dans quel ordre les planètes connues de son temps (Mercure, Vénus, la Terre, Mars, Jupiter et Saturne) circulent autour du soleil; il a réussi à déterminer d'une manière satisfaisante le temps périodique de chacune d'elles, en constatant qu'elles se meuvent avec une vitesse effective d'autant plus grande qu'elles sont à une moindre distance de leur brillant centre de gravitation. Cependant Copernic s'est trompé, comme on l'a reconnu après lui, en supposant que la vitesse propre à chaque planète restait toujours invariable et que toutes les orbites planétaires étaient des cercles réguliers.

La troisième erreur gît dans la manière dont Copernic a interprété la nature du mouvement auquel est due la précession de l'équinoxe (1). Prenant une simple apparence pour un mouvement réel, il a attribué à l'axe terrestre un mouvement conique s'opérant lentement sur lui-même, et n'employant pas moins de 25,868 ans à achever une entière révolution.

Cette illusion, aussi trompeuse que l'apparente révolution de la sphère en 24 heures, révèle une révolution grandiose du soleil et de ses planètes, dont l'explication se présentera

(1) Que le lecteur encore étranger à l'astronomie ne s'effraie pas de rencontrer des mots dont il ne connaît pas la signification. Tous les termes que j'emploie sans en donner de suite la définition, seront expliqués quand cela sera devenu nécessaire pour l'intelligence de la théorie néocartésienne.

presque spontanément à l'esprit du lecteur, lorsque j'aurai fait connaître les mouvements réels des planètes. La véritable cause de la précession, une fois dévoilée, ajoutera à l'évidence de la théorie des tourbillons, en faisant en même temps connaître l'origine de la nutation, phénomène essentiellement lié à celui de la précession dont il n'est qu'un détail, mais un détail important.

La nutation de notre axe n'ayant été constatée par Bradley que 204 ans après la mort de Copernic (1), on conçoit que celui-ci n'aurait pu, dans aucun cas, rendre complètement compte de la nature d'un phénomène dont il ne connaissait pas tous les détails. Newton ne pouvait pas davantage en expliquer la *cause*, puisqu'il est mort 20 ans avant qu'on eut connaissance de la nutation. Les successeurs du philosophe anglais n'ont pas été plus heureux, ni mieux inspirés après la découverte de Bradley, car ils ont continué à croire au mouvement conique de notre axe, auquel ils ont supposé une sorte de trébuchement, ou de tremblement dont on se fera sans peine une idée exacte, lorsque j'aurai expliqué la cause et la nature réelle de ce phénomène complexe. Les Newtoniens qui ne peuvent en rendre compte d'une manière intelligible, l'attribuent à des perturbations dont ils assurent que le calcul seul peut faire concevoir l'origine et l'action. Le lecteur jugera, par la suite, s'il est réellement difficile de donner une explication claire et satisfaisante de la précession et de la nutation, en rendant compte, à la fois, de la cause, de l'effet et de l'apparence.

Quant aux erreurs relatives à la prétendue constance des vitesses et à la forme supposée circulaire des orbites, elles continuèrent à subsister dans l'esprit des Coperniciens pendant plus d'un demi-siècle. Ces notions erronées furent même

(1) 1867 ans après la découverte de la précession.

quelque temps partagées par Galilée qui contribua si puissamment au triomphe définitif du principe Copernicien, et par Kepler qui en adopta l'idée avec son ardeur habituelle.

Mais ce dernier eut enfin la gloire de reconnaître que les orbites planétaires ne sont pas des cercles réguliers et que les vitesses des astres ne sont pas invariables.

On sait comment cette découverte a eu lieu. La mort de Tycho Brahé, arrivée en 1601, avait mis Kepler en possession des nombreuses observations que le premier avait recueillies pendant 30 années de pénibles veilles. En étudiant ces annotations, Kepler remarqua que Mars semblait accuser, dans sa marche, de notables déviations d'un cercle régulier. Mais craignant une erreur, il voulut vérifier le fait par lui-même. Il profita d'une opposition de Mars pour observer cette planète. Kepler se convainquit alors qu'elle ne décrit réellement pas une orbite mathématiquement circulaire. Il constata aussi que sa vitesse n'est pas invariable ; que Mars, à l'instar de la Terre, ne se maintient pas à une même distance du soleil; qu'il s'en rapproche et s'en éloigne alternativement, en accélérant sa vitesse quand la distance diminue, et la ralentissant quand la distance augmente.

Mais c'était là tout ce que les observations faites sur Mars pouvaient apprendre de positif à Kepler, et plût à Dieu qu'il se fut contenté de faire part au monde de cette intéressante découverte, sans chercher à l'agrandir et à lui donner plus d'importance qu'elle n'en pouvait avoir de son temps. Il eut fait faire à la science un progrès réel, en l'initiant aux premiers détails des mouvements des corps célestes, sans qu'on put un jour lui reprocher d'avoir substitué aux erreurs qu'il révélait, d'autres erreurs encore plus regrettables.

Mais Kepler voulut tirer toute la gloire possible de ses découvertes, en nous apprenant d'un même coup, non-seulement que Mars ne décrit pas un cercle, et que sa vitesse n'est pas invariable, mais aussi quelle est la véritable forme de son orbite.

Ce que deux siècles d'observations faites avec le concours des plus habiles astronomes, munis d'instruments perfectionnés, n'ont pu déterminer encore d'une manière complète, Kepler a eu la prétention de l'établir en peu d'années, seul, et avec des instruments alors très-imparfaits.

Pour découvrir la forme de l'orbite de Mars, il se livra à ses investigations sous l'influence de puérils préjugés qu'il nourrissait touchant certaines lois d'harmonie et de symétrie auxquelles il croyait la nature soumise. Suivant lui, toutes les orbites devaient avoir une même forme, et représenter une figure géométrique régulière. Le soleil étant excentriquement placé dans l'orbite terrestre, comme la terre l'est aussi dans l'orbite lunaire, il ne douta pas un instant de la position excentrique du soleil dans toutes les orbites. Il ne fit donc aucune recherche dans le but de vérifier cette conjecture, et, recourant au tâtonnement, puis à des calculs basés autant sur ses préjugés que sur les observations *insuffisantes* dont il disposait, il finit, après avoir inutilement essayé de différentes courbes, par s'arrêter à l'idée que Mars décrit une ellipse géométrique, dans laquelle le soleil occupe un foyer.

S'il plaça le soleil à l'un des foyers de l'ellipse plutôt qu'ailleurs, comme par exemple en un point situé entre le foyer et le centre, ce n'est pas qu'il eut constaté le fait par l'observation, mais Kepler ne pouvant croire que cet astre fut au centre de l'ellipse, par la seule raison qu'il n'est pas au centre de l'orbite terrestre, ses préjugés ne lui permettaient pas davantage d'admettre que la place du soleil ne fut pas en un point en harmonie avec les principes de la géométrie. Or, les deux foyers, qui sont deux points du grand axe situés à une égale distance du centre, sont des éléments mathématiques de l'ellipse : donc le soleil n'étant pas au centre de l'orbite de Mars, ne pouvait être qu'à l'un des foyers. Ainsi le voulait la philosophie de Kepler.

Cet astronome croyant ensuite voir dans les annotations de Tycho Brahé, l'indication du lieu de l'aphélie de Mars, planète dont la révolution s'effectue en 687 jours environ, il en supputa la distance au soleil, et en conclut, par le calcul, le lieu et la distance du périhélie (1). En déterminant ces éléments de l'ellipse, Kepler ne mit pas une minute en doute que Mars, arrivé à son aphélie, ne dut se rapprocher du soleil pendant les 343 jours suivants (moitié approximative de son temps périodique), puisque, d'après lui, le périhélie et l'aphélie sont deux points de l'orbite mathématiquement opposés. C'était encore là une conviction qu'il puisait dans ses idées sur les harmonies et symétries de la nature, mais jamais il ne songea à vérifier le fait par des observations directes, et, chose étrange, les astronomes, ses successeurs, n'y ont pas pensé plus que lui (2).

C'est ainsi que Kepler, emporté par la fougue de son imagination, et plein de confiance dans ses vains préjugés, détruisait toute la valeur de ses intéressantes découvertes, en les alliant à de fausses conjectures. Sans le prévoir, il jetait l'astronomie dans une voie fatale qui devait un jour rendre la vérité inaccessible aux penseurs qui entreprendraient d'expliquer les mouvements de la sphère.

(1) L'aphélie est le point de l'orbite d'une planète où celle-ci est à sa plus grande distance du soleil. Le périhélie en est au contraire le point le moins éloigné.

(2) Kepler qui avait déduit le lieu supposé du périhélie de Mars du lieu de l'aphélie, indiqua aux astronomes la méthode par laquelle il avait fait son calcul. Pendant longtemps, les astronomes ont mis cette méthode en pratique. Mais depuis quelque temps, ils préfèrent constater par l'observation la position du périhélie dont ils déduisent, par le calcul, celle supposée de l'aphélie.

Cependant Kepler ayant fixé ses idées sur la forme qu'il supposait à l'orbite de Mars, il n'hésita pas à croire qu'il avait déterminé la forme réelle de toutes les orbites. En considérant cette téméraire induction comme une vérité indubitable, il ne réfléchit pas qu'il violait les lois de l'analogie, sur lesquelles il croyait avoir fondé son système. Il ne songea pas qu'en supposant que chaque planète décrit une ellipse dans laquelle l'aphélie est toujours opposé au périhélie, il faisait disparaître toute trace d'analogie dans la durée des ondes du mouvement oscillé qui rapproche et éloigne tour-à-tour une planète du soleil. Ainsi la durée de l'onde centrifuge ou centripète qui, pour Mars, est de 343 jours environ, n'était pour Mercure que de 45 jours. Pour Vénus, Kepler la faisait de 112 jours; de 183 jours pour la Terre; de 2,166 jours pour Jupiter, et de 5,680 jours pour Saturne. Enfin les astronomes modernes, partisans quand même du principe elliptique, ont dû forcément admettre qu'Uranus et Neptune emploient, l'un 15,000, l'autre 30,000 jours pour se transporter de l'aphélie au périhélie, ou du périhélie à l'aphélie.

L'invraisemblance de ces énormes différences dans la durée du temps pendant lequel chaque planète doit se rapprocher et s'éloigner tour-à-tour du soleil, n'a pu encore décider les astronomes à abandonner le principe de Kepler; ce n'est même pas sans peine qu'ils conviennent que l'ellipse n'est qu'une grossière représentation de la forme des orbites. Et cependant, depuis 80 ans qu'Uranus a été découvert, on n'a jamais trouvé que sa marche réelle confirmât l'hypothèse d'un mouvement elliptique; la planète a toujours été vue plus ou moins à l'ouest ou à l'est du lieu que le calcul lui avait assigné à l'avance, en supposant qu'elle décrivait une ellipse autour du soleil. Il en a été de même lorsqu'on a calculé les éphémérides (1) de Jupiter, de Saturne, de Mercure et d'autres pla-

(1) Positions des planètes calculées pour chaque jour de l'année.

nètes que l'on ne nous signalera que lorsqu'on aura réussi à calculer leurs prétendues perturbations. Parmi ces planètes rebelles à la loi de Kepler, et dont on tait la révolte, il faut compter Neptune lui-même et les 62 petites planètes découvertes depuis le commencement de ce siècle jusqu'à nos jours. C'est un fait que j'ose affirmer, sans crainte qu'un seul astronome de bonne foi puisse le nier.

Comment donc, devant ces incessantes protestations de la nature elle-même, contre un principe purement hypothétique, que des observations, *suffisamment prolongées*, n'ont jamais confirmé, comment des hommes, si éminents par leur profond savoir et par leur haute intelligence, ont-ils pu rester si longtemps attachés à cette loi, qui oblige à admettre l'existence des énormes différences de temps que je viens de signaler dans la durée comparée des oscillations des planètes ? Est-ce parce qu'ils ne sauraient se résoudre à croire que Newton a pu se tromper, lorsqu'il a cru démontrer par le calcul que chaque planète doit décrire une ellipse, dès que le soleil les attire avec une force variant inversement au carré des distances ? Mais que nos géomètres veuillent bien laisser un instant de côté leurs savants calculs; qu'ils daignent raisonner et examiner les bases physiques ou logiques sur lesquelles reposent ces calculs; ils reconnaîtront aussitôt que la démonstration de Newton n'est nullement applicable aux révolutions planétaires.

En effet, pour établir son calcul, ce philosophe a supposé très-légèrement que les planètes s'éloignent du soleil quand leur vitesse de projection s'accélère, et qu'elles s'en rapprochent quand leur vitesse se ralentit. Or, cette base est complètement fausse, comme je l'ai déjà relevé dans mon avant-propos, et la discordance entre le fait et la théorie n'a nullement échappé aux savants adhérents de Newton. Mais au lieu de se rendre à l'évidence de l'erreur commise par ce philosophe, les géomètres ont préféré la voiler aux yeux des penseurs superficiels, en prétendant que la force qui éloigne les planètes est la conséquence de la force *acquise* par l'accroissement de la vitesse. L'emploi habile, mais inexact, du participe passé, acquise, rend la distraction de Newton moins palpable, puisqu'on évite ainsi de dire que, pendant tout le temps que la vitesse a été croissant, la planète, au lieu de s'éloigner du soleil, s'en est sans cesse rapprochée, et qu'elle s'en éloigne ensuite dès que et tout le temps que la vitesse se ralentit, toutes circonstances diamétralement opposées à la théorie.

Cette manière par trop jésuitique d'enseigner les phénomènes astronomiques, sera un jour sévèrement jugée par ceux qui penseront que la mission des savants est de nous apprendre la vérité et non de nous la cacher.

Il est incontestable qu'on s'est trompé, en croyant que Newton a démontré par le calcul la nécessité du mouvement elliptique. Les contemporains de Kepler, ou ses successeurs immédiats, se sont également trompés en croyant ce mouvement confirmé par la marche des planètes; mais il est juste de reconnaître que les premiers astronomes qui ont accepté le principe de Kepler comme une loi de la nature, peuvent invoquer une circonstance atténuante qui rend leur erreur excusable.

En effet, la marche réelle de toutes les planètes est telle que chaque fois qu'on peut observer ces astres dans des positions qui permettent de suivre leurs mouvements et de les bien juger, on voit que chacune se meut, soit en se rapprochant du soleil avec une vitesse accélérée, soit en s'en éloignant avec une vitesse retardée. Or, cette allure est également propre au mouvement elliptique. On pouvait donc longtemps s'abuser sur la nature réelle des courbes décrites, et les prendre pour des ellipses. Le seul moyen de s'assurer de la vérité était de déterminer par des observations multipliées la durée réelle des ondes centrifuges et centripètes de chaque planète. Alors on aurait reconnu que ces temps sont très-loin d'être ce que le principe elliptique les fait supposer, et qu'ils ne diffèrent pas entre eux, comme on le pense, de 45 jours à 30,000 jours ; mais que chaque onde a, pour chaque planète, à peu près la même durée, c'est-à-dire 6 mois. De là proviennent les prétendus retards ou avances des planètes sur les lieux calculés, comme la théorie néocartésienne le démontrera par la suite.

Malheureusement les observations que l'on peut faire sur les planètes, dans des conditions qui laissent à l'observateur la facilité de bien apprécier la nature de leurs mouvements, sont relativement si rares et de si courte durée, qu'il n'est pas étonnant qu'on soit resté longtemps persuadé de la vérité de la loi elliptique. Des doutes sérieux à ce sujet, ne pouvaient se faire jour dans l'esprit des astronomes, qu'après qu'ils auraient exécuté la belle pensée qu'ils ont eue plus tard, de calculer à l'avance la position que, *dans l'hypothèse elliptique*, chaque planète doit successivement occuper dans le ciel, pour chaque jour de l'année. Ce long et glorieux travail a été entrepris dès l'année 1679, et a été continué sans interruption jusqu'à nos jours.

C'est donc depuis cette époque seulement que l'on a pu constater, *peu à peu*, le défaut d'accord entre les observations et la théorie. Malheureusement quand l'erreur de la loi elliptique n'a plus été douteuse, l'amour-propre des plus grands géomètres était engagé à soutenir, envers et contre tous, le principe de Kepler. Il y allait de l'existence du système de l'attraction, qui ne pouvait manquer de crouler avec la loi elliptique. Alors on a imaginé le système des perturbations planétaires qui a retardé jusqu'ici le cataclysme dont l'astronomie est menacée, du moins dans ses doctrines philosophiques, cataclysme que la découverte de Neptune et de 38 nouvelles planètes télescopiques, toutes rebelles, comme Neptune, à la loi elliptique, a rendu plus imminent que jamais.

Cette théorie des perturbations réciproques des planètes devra elle-même tomber, en entraînant dans sa chute les principes erronés de Kepler et de Newton, lorsque j'aurai fourni la preuve physique que l'attraction céleste n'est qu'un effet de la rotation des corps dans un milieu fluide, et non une propriété inhérente à chaque molécule matérielle.

Mais ici le lecteur qui n'est pas initié aux mystères des observatoires, doit entrer en défiance contre moi, s'il songe à Neptune, dont la découverte est due aux indications fournies à l'avance par le calcul des perturbations que cette planète lointaine exerce, dit-on, sur Uranus. Cette défiance est naturelle. Cependant, que le lecteur réfléchi s'en tienne quelque temps au doute suspensif, et qu'il ne se laisse pas trop prévenir par cette apparente confirmation du principe des perturbations. Car, lorsque j'aurai fait concevoir qu'aucune planète n'est perturbée, que chacune suit tranquillement son cours normal, on admettra sans peine que la coïncidence de la révélation mathématique de Neptune avec l'époque de sa découverte physique, n'est qu'un cas fortuit dans lequel on ne saurait rien voir de particulièrement extraordinaire.

En effet, depuis ce grand évènement astronomique, et après le premier moment de surprise, on a pris la peine de calculer les éléments de la planète découverte à Berlin, et l'on s'est convaincu qu'ils n'ont rien de commun avec les éléments de la planète de M. Le Verrier. Si des dénégations se faisaient entendre, à ce sujet, des hautes régions de la science, je me réserve d'entrer ailleurs dans de plus longs développements, qui prouveront que la planète calculée est encore à découvrir.

Je reviens maintenant au principe elliptique et au temps où les contemporains de Kepler, après avoir hésité quelque temps à admettre ce principe, se décidaient enfin à l'accepter et à le promulguer comme une grande loi de la nature.

J'ai dit plus haut comment les astronomes, en admettant l'existence du mouvement elliptique comme une vérité définitivement acquise à la science, s'étaient laissé tromper par l'allure de toutes les planètes. Mais j'ai encore à signaler une autre circonstance qui contribua pour beaucoup à mettre fin à l'indécision des savants, en les gagnant par entraînement aux opinions de Kepler. Cette circonstance fut la découverte que fit ce mathématicien, en déterminant, après de longs et patients calculs, le rapport qui existe entre la vitesse des planètes et leur distance au soleil.

Déjà en publiant, en 1609, ses découvertes sur les mouvements de Mars, il avait signalé un fait mathématique fort intéressant et dont la remarque dénotait un esprit profondément investigateur. En comparant entre eux les temps pendant lesquels Mars parcourt les différentes portions de son orbite, il avait trouvé qu'ils sont proportionnels aux aires décrites par les lignes amenées du centre de la planète au centre du soleil; en d'autres termes, il avait reconnu que le rayon vecteur décrit des aires égales en temps égaux. Or, dix ans plus tard, Kepler publiait une nouvelle découverte que la science n'aurait sans doute jamais faite, sans la persévérance peu commune que Kepler apportait à ses investigations sur les harmonies de la nature. Après 17 ans de recherches, cet infatigable calculateur avait découvert que les carrés des temps périodiques de deux planètes quelconques sont entre eux comme les cubes de leurs distances au soleil. La détermination de cette loi avait une haute importance pour l'astronomie ; elle fit le plus grand honneur à Kepler et lui valut la réputation d'un homme de génie. Sa loi elliptique passa sans plus d'opposition, et Kepler fut surnommé le législateur des astres.

Tel est l'historique de l'établissement de la loi elliptique, à laquelle Newton allait donner une sanction mathématique qui devait en cacher longtemps la fausseté aux yeux des astronomes. Je terminerai maintenant ce chapitre en donnant un aperçu des principales observations astronomiques que la science avait déjà recueillies, lorsque Newton composa son système, ainsi que des phénomènes observés depuis la mort de l'illustre philosophe. De cette manière, le lecteur aura une idée générale des faits dont Newton avait à rendre compte, de ceux dont il n'a pu s'occuper, parce qu'il les ignorait, et des préjugés Képleriens, exposés plus haut, qui devaient égarer Newton, parce qu'il les partageait.

1° PHÉNOMÈNES CONNUS AU TEMPS DE NEWTON.

Précession des équinoxes, révolution dite conique de l'axe de la terre (1).

J'ai déjà eu l'occasion de dire qu'au temps de Newton on connaissait, depuis dix-huit siècles, le phénomène de la précession, c'est-à-dire la lente révolution des points équinoxiaux le long de l'écliptique, et la révolution simultanée du pôle de l'équateur autour du pôle de l'écliptique, double phénomène que Copernic n'a su expliquer qu'en supposant à tort à notre axe un mouvement conique s'opérant sur lui-même. Le système des tourbillons donnera une autre explication des apparences célestes auxquelles Copernic s'est laissé tromper.

Révolution des apsides terrestres.

On avait également connaissance du lent déplacement ap-

(1) Je répète qu'en exposant la nouvelle théorie des tourbillons, je ferai comprendre la nature et la cause des phénomènes que je n'aurai pas rendus jusque-là suffisamment intelligibles.

parent des apsides terrestres, soit des deux points opposés de l'écliptique, où la terre atteint alternativement sa plus petite et sa plus grande distances au soleil, c'est-à-dire son périhélie et son aphélie. Ces points sont aussi appelés périgée et apogée solaires, lorsqu'on considère le soleil comme en mouvement autour de la terre, supposée fixe dans le ciel.

Inclinaisons des orbites planétaires à l'écliptique ; leurs nœuds ou points d'intersection avec ce grand cercle. — Incertitude des vrais lieux des apsides planétaires.

Les divers degrés d'inclinaison à l'écliptique des orbites des six planètes connues de tout temps, ainsi que leurs points d'intersection avec ce grand cercle, qui n'est autre que la trace fictive de l'orbite terrestre, avaient été exactement déterminés, mais on se trompait et l'on se trompe toujours, en croyant connaître la vraie position des apsides autres que celles de la terre, de la lune et de quelques satellites. Le système Néocartésien résoudra cette importante question, en s'appuyant sur des considérations toutes nouvelles.

Révolutions lunaires et leurs inégales variations. — Apparente révolution solaire.

Ptolémée et Ticho-Brahé avaient déterminé les révolutions de la lune, de ses apsides et de ses nœuds, ainsi que leurs plus importantes variations. Dans mon prochain numéro j'en donnerai des détails très-circonstanciés, ainsi que sur l'apparente révolution du soleil. On verra combien d'intéressantes particularités sont omises dans les traités d'astronomie, parce qu'on évite de parler des phénomènes dont la cause ne peut se rattacher aux effets de la gravité.

Taches du soleil, sa rotation. — Satellites de Jupiter.

Galilée, en découvrant les taches qui ternissent parfois en

si grand nombre la surface solaire, en avait déduit le mouvement de rotation de l'astre radieux sur son axe. Il avait également signalé l'existence des satellites de Jupiter, qui seront d'un grand secours pour définir la nature des courbes décrites par les planètes autour du soleil.

Satellites et anneau de Saturne. — Rotation de Vénus, Mars, Jupiter et Saturne.

On avait ensuite découvert cinq des huit satellites de Saturne, ainsi que son prodigieux anneau ; puis la rotation des planètes Vénus, Mars et Jupiter. Mais celle de Saturne n'était encore que soupçonnée en 1683. Elle n'a été définitivement confirmée qu'en 1794, par Herschel.

Mouvements des satellites de Jupiter et de Saturne. — Formes diverses de leurs orbites (1).

Les mouvements des quatre satellites de Jupiter et des cinq que l'on connaissait à Saturne avaient été observés avec soin par les astronomes. Ces mouvements et ceux de la lune ont servi à Newton de bases pour établir des calculs dont il a déduit les masses relatives de Jupiter, de Saturne, de la terre et du soleil. Ces masses, qui représentent la force attractive de chacun de ces astres, ne sont nullement d'accord avec les résultats donnés par les calculs modernes (2).

Les annotations faites sur ces satellites avaient fait voir que, dans leur marche autour de leurs principales, ils observent, plus ou moins rigoureusement, la loi de Kepler sur la proportionnalité des aires et des temps, et celle sur l'égalité entre les carrés des temps périodiques et les cubes des distances ; mais

(1) Voir l'ancien Dictionnaire de l'Encyclopédie, l'Astronomie de sir John W. Herschel et l'Astronomie populaire d'Arago.

(2) Voir la remarque à la fin de ce numéro.

on n'avait pas encore pu vérifier s'ils obéissent aussi à la troisième loi de Kepler, qui leur assigne une ellipse pour orbite. Encore aujourd'hui on n'est pas bien fixé sur l'excentricité des cinq satellites de Saturne, les premiers découverts, ni par conséquent, sur la forme précise de leurs orbites, non plus que de celles des trois autres satellites découverts après Newton. Cette incertitude tient à la présence de l'anneau qui gêne les observations.

Il n'en est pas de même des satellites de Jupiter. Une discussion des observations de leurs éclipses a établi que le premier et le second satellites décrivent des orbites circulaires sans excentricité appréciable, ce qui revient à dire que ces deux petites lunes tracent des cercles dont le soleil occupe le centre. Les excentricités du troisième satellite et du quatrième sont faibles et variables, toutes choses dont il faudra expliquer la cause.

Si Newton avait eu connaissance de ces particularités, il n'aurait pu les invoquer, comme il l'a fait des mouvements de la lune, pour établir en principe que tous les corps gravitant autour d'un centre matériel, qui les attire avec une force dont l'énergie est en raison inverse des carrés des distances, doivent nécessairement décrire des ellipses. Les deux premiers satellites de Jupiter portent un démenti formel à cette loi, et lui enlèvent l'apparente certitude dont on l'avait entourée en assurant qu'elle était sans exception.

Dès que deux astres échappent à la loi elliptique, sans qu'on puisse expliquer pourquoi, il n'y a plus de raison de penser que d'autres corps célestes ne peuvent pas être dans le même cas ; surtout tant que la forme soi-disant elliptique de chacune des orbites planétaires, n'aura pas été constatée, comme l'ont été les orbites de la terre (ou si l'on veut du soleil) et de la lune, par des observations faites sur chaque point de l'orbite décrite ; — chose impraticable pour les planètes.

2° OBSERVATIONS FAITES APRÈS NEWTON.

Découverte de 64 nouvelles planètes.

Après la sanction mathématique donnée à la troisième loi de Kepler, on devait rester encore longtemps dans l'ignorance du désaccord qui règne entre l'allure réelle des planètes et le principe elliptique. Il ne fallait pas moins qu'une protestation unanime d'un grand nombre de planètes, pour arracher aux astronomes l'aveu que l'ellipse n'est qu'une image grossière des véritables orbites de ces corps. Alors, comme si le créateur eût voulu rendre cette protestation plus solennelle, il nous a révélé l'existence de 64 nouvelles planètes, dont 2 grosses et 62 fort petites, mais toutes destinées à nous prouver par une démonstration éclatante l'erreur de Kepler et de Newton. En effet aucun de ces astres n'a encore voulu se soumettre à la loi elliptique. Uranus n'a cessé de faire, par sa marche bizarre, le tourment des astronomes, aussi bien avant qu'après 1846, époque mémorable de la révélation mathématique de Neptune.

Cette dernière planète, qui devait rendre compte dans le passé, le présent et l'avenir, de toutes les inégalités d'Uranus, manquant à sa mission, s'est jointe aux rebelles, et trompe par son cours inexplicable, ou plutôt inexpliqué, toutes les prévisions du calcul.

Quant aux astéroïdes, nul ne s'est encore laissé surprendre cheminant résolument sur la route elliptique que les astronomes tracent à chacun d'eux, aussitôt son apparition dans les rangs des satellites du soleil. Dans leur perplexité, les Newtoniens ont déclaré que la marche de corps aussi insignifiants, en raison de leur ténuité, ne saurait jeter des doutes sur la solidité d'une théorie que les travaux des plus grands géomètres ont confirmée à tout jamais.

Répulsion mutuelle de Cérès et de Pallas.

Mais qui peut prétendre que les astéroïdes, au nombre de 62, ne sont pas plus propres que les 8 grosses planètes, à faire trouver la clé des mouvements planétaires? Rien n'autorise à croire le contraire, car on verra par la suite, que les circonstances particulières des révolutions des astéroïdes sont pleines d'enseignements dont la prévention, ou plutôt l'amour-propre des astronomes, les empêche de faire profiter la science.

Si, par exemple, Cérès et Pallas eussent été connues de Newton; si Newton avait pu les observer au moment de leur conjonction, peut-être n'aurait-il jamais publié son système. Car, lorsque ces deux petites planètes passèrent ensemble, côte-à-côte, sous le même méridien, on observa, à la stupéfaction des astronomes, que, loin de se précipiter l'une sur l'autre, par l'effet de leurs attractions réciproques, et comme le voulait le système de la gravité universelle, *elles se repoussèrent,* en se chassant mutuellement hors de leurs orbites, pour y rentrer dès que Cérès eut suffisamment dépassé Pallas.

Ce phénomène inattendu et qu'on a caché au public, comme bien d'autres, était la condamnation sans appel de la théorie de Newton et sera l'une des preuves irrécusables de la vérité du système des tourbillons.

La répulsion mutuelle de Cérès et de Pallas, et la marche circulaire des deux premiers satellites de Jupiter, valent des volumes de commentaires contre le principe de l'attraction universelle et contre le principe elliptique.

Nutation. — Inégalités du périgée solaire.

Il me reste à mentionner deux importantes découvertes faites après Newton.

Premièrement, celle de la nutation de l'axe terrestre, dont

j'ai déjà dit quelques mots et qui consiste dans l'apparence d'un tremblement dont notre axe semble affecté, pendant que son extrémité, ou le pôle du monde, décrit autour du pôle de l'elliptique un cercle que ce tremblement rend ondulé. La cause de ce phénomène et les apparences qu'il fait naître, seront éclaircies par l'explication qu'en donnera la théorie néocartésienne.

Il en sera de même du phénomène que M. Le Verrier a signalé en 1854, en pleine académie, sans qu'il ait pu rendre compte de sa cause. Il se manifeste par de sensibles inégalités que des observations minutieuses ont fait remarquer dans le déplacement du périgée solaire.

Ce phénomène, resté inexpliqué, n'a cependant qu'une cause aussi peu mystérieuse que celle qui dérange d'une manière si extraordinaire le périgée lunaire. Mais les astronomes n'ont jamais compris la cause des inégalités des apsides de la lune; il n'est donc pas étonnant qu'ils ne puissent rendre compte de celles du périgée solaire. Le nouveau système des tourbillons fera disparaître l'obscurité dont ces intéressantes questions sont encore enveloppées.

REMARQUE.

Dans l'avant-propos qui a fait la matière de mon n° 1, j'ai relevé l'impossibilité où Newton a toujours été de calculer les masses relatives du soleil et des planètes et d'arriver aux résultats qu'on obtient aujourd'hui, attendu que les calculs modernes sont basés sur la distance du soleil à la terre, et que cette distance n'était pas connue de Newton.

Parmi mes lecteurs, les uns n'ont pu croire que Newton ignorât la distance du soleil à la terre, parce qu'aucun traité d'astronomie n'en parle; qu'au contraire tous affirment ou laissent croire que Newton a tout calculé et même tout prévu, et parce qu'enfin les valeurs assignées par les astronomes modernes aux masses planétaires, sont données sans qu'il soit jamais fait mention de différences qui existeraient entre les résultats des calculs de Newton et ceux des calculs faits depuis la détermination de la distance solaire. D'autres ont assuré que le philosophe anglais avait réellement et exactement calculé les masses des planètes, mais par une voie indirecte et sans qu'il eut besoin de connaître l'énorme éloignement auquel nous sommes du soleil.

Or, il m'importe de dissiper les doutes soulevés par mon assertion, et de rectifier les idées erronées de ceux qui ont tant de confiance dans l'œuvre personnel de Newton.

Pour prouver que Newton n'a pas calculé les masses planétaires telles qu'elles sont portées dans nos traités modernes d'astronomie, j'invoquerai le témoignage du savant anonyme (sans doute D'Alembert ou De Lalande) qui donne, dans l'ancienne encyclopédie de Diderot, à l'article Newton, un exposé du système de la gravité et de la manière dont son inventeur l'a établi. On voit par cet article que Newton n'a pas cherché à déduire de la distance solaire, les masses du soleil et des planètes, mais qu'il a cru pouvoir en déterminer *quelques-unes* par une méthode indirecte.

Considérant, en effet, que, suivant lui, la masse d'une planète, escortée d'un ou plusieurs satellites, peut être déterminée par la vitesse ou le temps périodique de ses satellites, Newton en a conclu que les masses de la Terre, de Jupiter et de Saturne pouvaient être facilement déduites par le calcul, puisque ces planètes ont toutes un ou plusieurs satellites. Mais il n'a pas cru qu'il fut possible de calculer les masses de Mercure, de Vénus et de Mars, parce qu'elles gravitent autour du soleil sans escorte connue.

Se bornant donc à rechercher les masses de la Terre et des deux autres grosses planètes à satellites, Newton est arrivé à des résultats qui ont rempli ses contemporains d'admiration, à cause de la nature merveilleuse de sa prétendue découverte; mais plus tard elles ne se sont nullement trouvées d'accord avec les calculs d'autres grands géomètres.

Ainsi Newton a calculé que la masse de la Terre devait être le $\frac{1}{227,512^e}$, et celle de Saturne le $\frac{1}{2,411^e}$ du Soleil; tandis que celui qui consulte l'annuaire du bureau des longitudes pour 1861, trouve que la masse terrestre est le $\frac{1}{354,936^e}$, et celle de Saturne le $\frac{1}{3,500^e}$ de la masse solaire. Newton s'est donc trompé de moitié dans son évaluation, un peu plus pour la Terre, un peu moins pour Saturne.

Quant à Jupiter, la différence est beaucoup moins considérable; elle est comme 1033 à 1050.

J'avais donc raison de prétendre que Newton n'avait pu déterminer les masses des planètes, puisque sur six, il a renoncé au calcul de trois d'entre elles; et que sur les trois calculées, l'une est inexacte, et les deux autres complètement fausses.

Je viens de dire que Newton n'avait pas aperçu le moyen de déterminer les masses des planètes qui sont privées de lunes. Cependant l'illustre La Place, dont on affecte de mettre le génie mathématique au-dessous de celui de Newton, a imaginé trois moyens de calculer la masse des planètes qui n'ont pas de satellites, ou dont la pesanteur à la surface est connue, comme l'est celle de la Terre.

1° Pour cette dernière, il a comparé sa vitesse de circulation autour du soleil à la vitesse de la chute des graves à sa surface, et en a déduit la masse terrestre relativement à celle du soleil, considérée comme l'unité.

2° Pour Vénus et Mars, il a déduit leurs masses des changements que ces planètes produisent dans les éléments de notre système, en causant, dit-on, la lente diminution de l'obliquité de l'elliptique à l'équateur et l'accélération séculaire du moyen mouvement de la lune autour du globe terrestre; deux phénomènes dont je parlerai en développant le nouveau système des tourbillons.

3° Pour Mercure, il a supposé que la densité de cette planète et celle de la terre sont proportionnelles à leurs moyennes distances au soleil, d'où ayant calculé la densité de Mercure, il en a déduit la masse.

4° Pour Jupiter, Saturne et Uranus, le dernier desquels avait été découvert en 1781, La Place a calculé leurs masses en recourant à la méthode de Newton.

J'ai puisé ces détails dans le cours de physique céleste de J.-H. Hassenfratz, professeur en 1803 à l'école polytechnique, dont l'ouvrage a été revu par La Place lui-même.

Puisque Newton et La Place ont suivi la même méthode pour calculer les masses de Jupiter, de Saturne et de la Terre ; que Newton n'a pas d'égal dans le monde comme mathématicien ; que son système est, comme on l'assure, confirmé par l'exactitude de ses calculs, et que La Place ne jouit pas d'une réputation beaucoup inférieure à celle du philosophe de Woolsthorpe, il y a lieu de penser que les résultats de leurs calculs sur les masses de ces trois planètes se sont réciproquement confirmés. Et cependant il n'en est rien. La Place a trouvé pour la masse de la Terre (celle du Soleil étant 1) $\frac{1}{329.630^e}$ au lieu de $\frac{1}{227,512^e}$ donné par Newton ; pour celle de Jupiter $\frac{1}{1,068^e}$ au lieu de $\frac{1}{1,033^e}$, et pour celle de Saturne $\frac{1}{3,359^e}$, au lieu de $\frac{1}{2,411^e}$.

Voici donc deux grandes autorités, La Place et l'Annuaire, qui ont donné tort à Newton. On ne saurait par conséquent dire que celui-ci a démontré, par le calcul, la vérité de son système.

Mais les calculateurs du bureau des longitudes ne sont pas beaucoup plus d'accord avec La place, comme on peut le voir par le tableau ci-dessous, où les valeurs trouvées par La Place et celles de l'annuaire du Bureau des Longitudes pour 1861 sont mises en regard.

La masse du Soleil étant 1 :	Suivant La Place.	Suivant l'Annuaire de 1861.
Celle de Mercure est de	$\frac{1}{2,025,810}$	$\frac{1}{2,025,810}$
Celle de Vénus	$\frac{1}{383,137}$	$\frac{1}{401,847}$
Celle de la Terre	$\frac{1}{329,630}$	$\frac{1}{354,936}$
Celle de Mars.	$\frac{1}{1,846,082}$	$\frac{1}{2,680,337}$
Celle de Jupiter	$\frac{1}{1,068}$	$\frac{1}{1,050}$
Celle de Saturne.	$\frac{1}{3,359}$	$\frac{1}{3,500}$
Celle d'Uranus	$\frac{1}{18,504}$	$\frac{1}{24,000}$
	Suivant sir J. Herschell.	
Celle de Neptune.	$\frac{1}{18,780}$	$\frac{1}{17,000}$

De toutes ces valeurs, la seule pour laquelle La Place et l'Annuaire s'acccordent, est celle donnée à la masse de Mercure, précisément la plus difficile à établir. Mais cette concordance ne devra pas surprendre ; on n'a rien voulu changer au calcul de La Place pour cette planète, parce que le résultat auquel arrivaient les calculateurs de l'Annuaire différait tellement de celui de l'auteur du système du monde, qu'on a préféré ne pas le rectifier, pour que la comparaison ne put rendre trop apparente la folie de ces calculs.

M. Herschel fils a été plus hardi ; il donne pour la masse de Mercure $\frac{1}{4,865,751^e}$, valeur qu'excède de plus du double celle calculée par La Place. Sir John Herschel ne paraît pas non plus d'accord avec les astronomes du Bureau des longitudes pour la masse d'Uranus, qu'il porte dans son tableau des éléments du système planétaire pour $\frac{1}{24,905^e}$ ni même pour celle de la terre qui doit être, suivant son tableau, de $\frac{1}{389,551^e}$, bien que dans son texte il l'ait portée pour $\frac{1}{354,936^e}$, à l'appui d'une démonstration de la masse solaire.

Enfin les calculateurs de l'Observatoire ne sont pas toujours d'accord avec eux-mêmes, car en 1836 et encore en 1842 ils croyaient la masse d'Uranus le $\frac{1}{17,918^e}$ de celle du soleil, au lieu de $\frac{1}{24,000^e}$ qu'ils indiquent aujourd'hui.

La détermination de la masse de la lune n'a pas donné lieu à moins de divergences. Newton a trouvé dans ses admirables calculs que cette masse lunaire est le $\frac{1}{39^e}$ de celle de la Terre. Plus tard La Place nous a appris qu'elle n'en était que le $\frac{1}{58^e}$; mais l'Annuaire du Bureau des longitudes, après l'avoir évaluée longtemps au $\frac{1}{49e}$, nous la donne aujourd'hui comme n'étant que le $\frac{1}{88^e}$ de la masse terrestre.

Après tant de contradictions, ne faut-il pas avoir une foi bien robuste dans la théorie et dans l'infaillibilité de Newton pour rester convaincu que la vérité de son système est démontrée par le calcul ?

Joseph LAVEZZARI.

Beaurain-Château (Pas-de-Calais). Janvier 1860.

Amiens.— Imp. LEMER aîné, Sr de Ve HERMENT, place Périgord, 3.

ques termes.

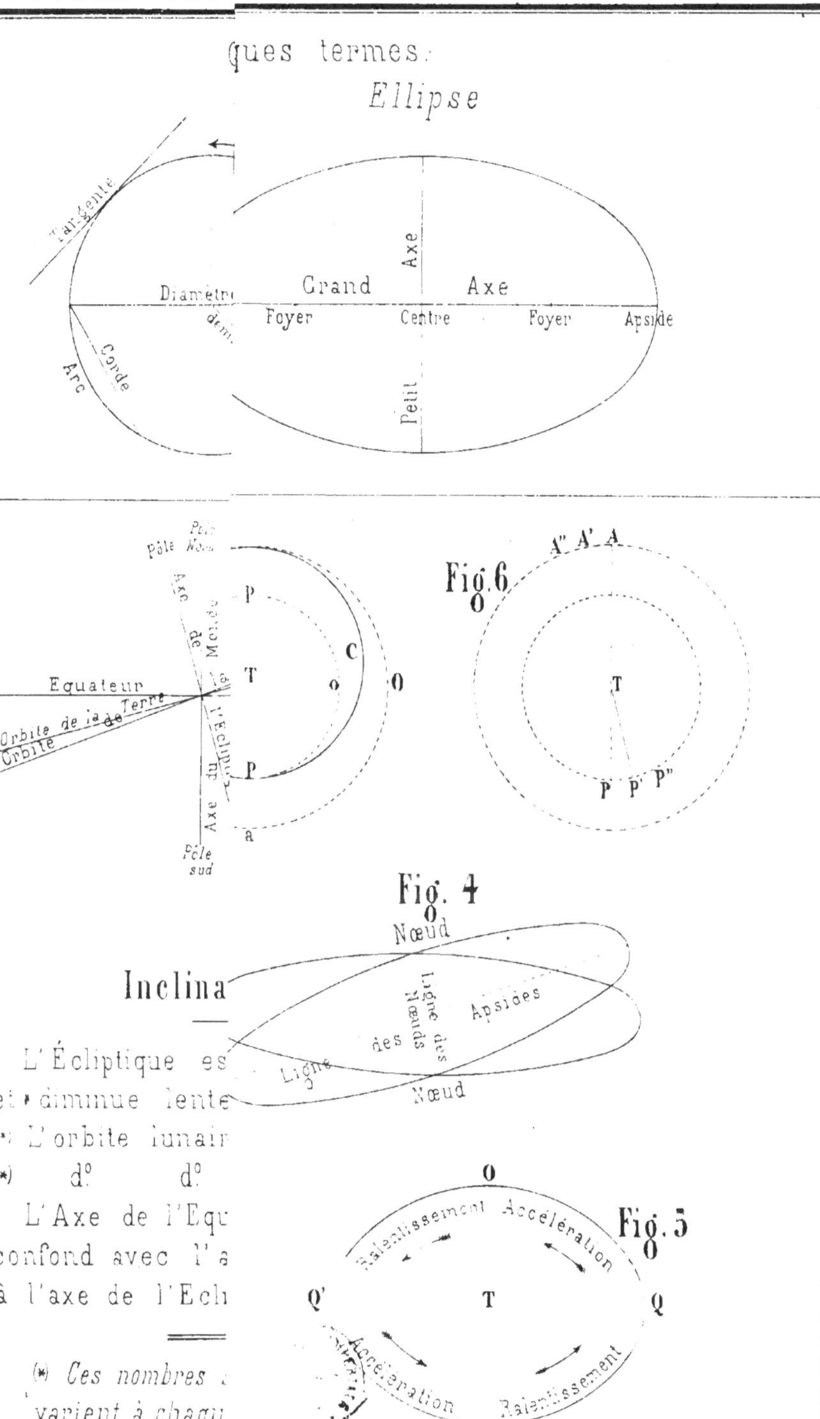

Inclina

L'Écliptique es

et diminue lente

(*) L'orbite lunair

(*) d° d°

L'Axe de l'Equ

confond avec l'a

à l'axe de l'Ecl

(*) *Ces nombres*

varient à chaqu

Ces quatre figures sont destinées à rappeler la signification de quelques termes.

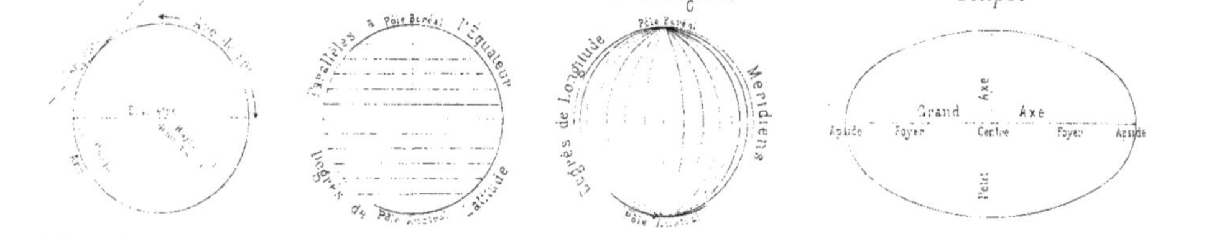

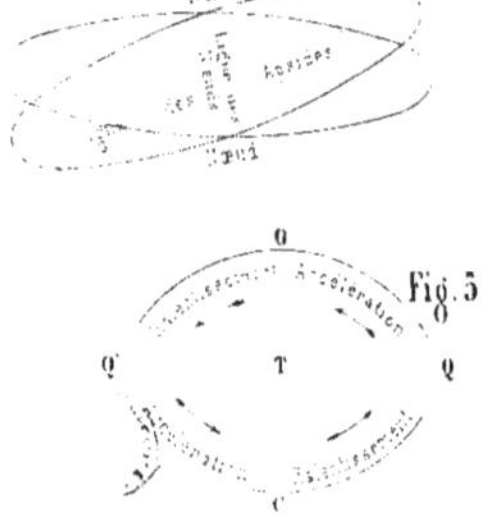

Cercles de Latitude *Cercles de Longitude* *Ellipse*

Parallèles à l'Équateur

Pôle Boréal

Degrés de Latitude

Pôle Austral

Degrés de Longitude

Méridiens

Grand Axe

Petit Axe

Apside Foyer Centre Foyer Apside

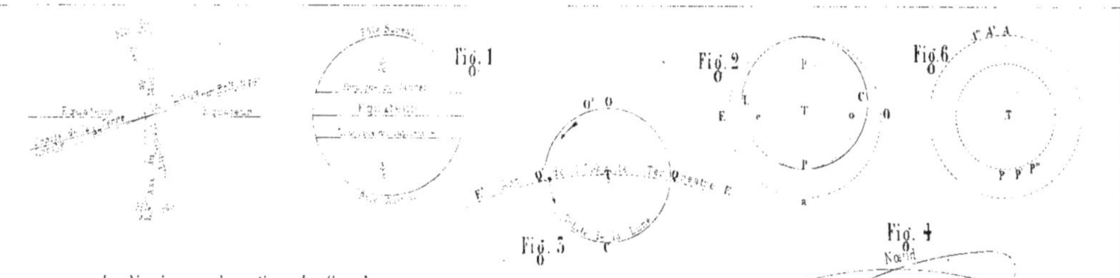

Fig. 1

Fig. 2

Fig. 3

Fig. 4

Fig. 5

Fig. 6

Nœud

Ligne des Apsides

Accélération

Ralentissement

Équateur

Inclinaisons des Grands Cercles

L'Écliptique est incliné à l'Équateur de [illegible]
[illegible] diminue lentement d'environ ⅓ de seconde par an.
L'orbite lunaire est inclinée à l'Équateur de [illegible] 38' * } variables
d° d° d° à l'Écliptique de 5° 9' *
L'Axe de l'Équateur ou du monde qui se confond avec l'axe de la terre est incliné à l'axe de l'Écliptique de 23° 27' 28"

* *Ces nombres sont des moyennes approximatives qui [illegible] varient à chaque révolution de la Lune.*

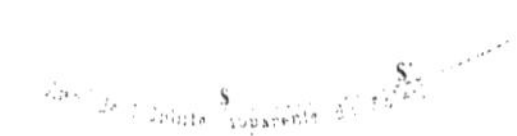

www.ingramcontent.com/pod-product-compliance
Lightning Source LLC
LaVergne TN
LVHW010013230826
846092LV00002B/791

* 9 7 8 2 3 2 9 6 3 3 5 2 7 *